JN410256

불혹不惑의 바람

정창원 시집

도서출판 경남

● 시인의 말

불혹의 언덕을 거의 다 넘었다.
지천명知天命의 어귀가 저만큼 보이는데
여전히 허방을 짚기 일쑤인 생에 대한 관조
엉성하게 엮어 세상에 내놓지만
일천한 시재詩才 탓에 영 미덥잖다.

중국에 온 지 6년이 되어 간다.
중국이 때로는 죽의 장막이었다.
외로움을 탈 때
마음 나눌 벗 없을 때
시도 살갑게 다가와 주지 않았다.
그러나 솔직히 외로움이 시의 밑천이 되어 주었다.

짝사랑하다
끝내 보내지 못한 연서와 같아서……
나는 늘 시에 목말랐으나
어쨌든 나에게는 사는 일이 더 절절할 뿐이다.

— 2008년 9월 중국 칭다오에서

| 차 | 례 |

제2부

제3부

제1부

습작 시인

시인이 되고 싶었다

아침 이슬 머금은 풀잎처럼
세상을 적시는 시인이고 싶었다

시인이 되어
지친 영혼을 쉬어 가게 하는
낡은 의자이고 싶었다

시인이 되어
건조한 밤을 밝히는
반딧불이 되고 싶었다

그러다
가파른 언덕길 어디 쯤에선가
한 번쯤
읊조릴 시 한 편을 가진
시인이고 싶었다

은행잎

서가에 꽂힌
오래된 시집을 뒤적이다
아련한 추억 한 장
책갈피 속
미라로 정지되어 있음을 보았다

색 바랜 은행잎 속에
시집만큼이나 오래된
잊혀진 누런 기억들이
갑자기 스멀스멀 기어 나와

갉아 먹힌
숭숭한 세월 사이로
쏴한 바람을 일으켰다

그때 떨어진
탈색된 가을이
샛노란 잎으로 옷 갈아입고
다시 읽혀지는
늦가을 속 설레는 시간여행

가을 예배

-중국 칭다오 노산 등반을 하면서

거기 산이 있어서
하늘이 높아서
바람이 맑아서
가을은 그 자체가 예배다

여기저기 기암괴석
일제히 일어서서
기립박수를 보내는 것이
찬송이다

울긋불긋 몸치장 시작한 나무들
군데군데 무리지어
하늘을 우러르는 것이
기도다

풀잎들끼리
서걱거리며 몸 비비는 것이
사랑의 언어다

노산은 이미 가을예배가
시작되고 있었다.

황 해

인천에서 바라보는 바다는
서해인데 중국 칭다오에선
황해라 부른다.

밀물과 썰물에 엉켜 붙은
중국인민들의 암호 같은
말의 낱알들은 귓등에서 맴돌고
가로놓인 그리움은
포말로 뒤집혀 진다.

생김새가 똑같고
고국의 하늘과 바다와
소금 절인 해풍까지 닮았지만
서해보다 황해는 낯선 얼굴로
일상의 시간을 낚아챘다.

길 잃은 마음은 황해를 건너
서해로 출항을 꿈꾸지만
여전히 황해의 썰물은 서해를

멀리멀리 밀어내고 있을 뿐
서해는 없었다 이곳에선

가을 묵상

그렇게 갈 거면서

뭣 땜에 얼굴을 붉혔나

슬그머니
뒤꽁무니 내빼는 것이 무안한지
울긋불긋하다 못해
샛노란 얼굴이 되어
뚝뚝 고개를 떨구네

1월의 발견

언제나 새롭다는 낡은 생각 때문에
정작, 1월에는 신선함이 없다
소나기 지나가듯 격정적인 며칠 혹은
몇 주만이 말쑥한 얼굴을 내밀 뿐이다

설레는 가슴은
정갈한 마음은
차라리 12월이었다
조급한 듯 여유 있는 듯
신방을 꾸미는 달이다

벌써 허탈한 2월을 예감케 하는
1월 하순은 구멍 난 낡은 주머니 같은 것

이제부터다
낡은 생각의 창틀을 닦아내고
다시 창문을 거는 쓰디쓴 한약 같은
1월의 밑바닥에서
다시 시작하는 힘의 발견, 신선하다

경이로운 봄

석노인 해수욕장石老人 海水浴場* 끝머리에
숯불구이 만선滿船이라는
한국 음식점이 있었다.

소란스럽던 여름 한철
한바탕 지난 후
한겨울
만선 집 12월은
버려진 고요 속에
스산한 폐가로 변해 갔다

그러다 4월
어느 날
석노인 해수욕장에 우연히 들러
만선에 가까이 다가선 순간,
움을 돋우는
푸릇푸릇한 힘줄이
툭툭 불거 터지면서
한 마당 가득

펄떡이는 생기로
만선의 봄이 출렁이고 있음을 보았다.

*石老人 海水浴場 : 중국 칭다오 시에 있는 해수욕장. 베이징 올림픽 때문에 대대적인 해수욕장 재정비로 그때 그 만선의 식당은 지금 없다.

햇살 잔치

입춘이 지나고도
시샘하듯
시퍼런 냉기로 입술을 치장하더니

경칩이 오면서부터
싸늘한 비웃음 주섬주섬 거두어
황망히 뒷걸음친 자리
허허로울까 싶은지
개구리 앞서 슬그머니 얼굴을 내민
눈부신 햇살의 미모

허기진 세상살이
뒤뚱거릴까 싶은지
인심 좋은 봄 햇살 한 상 넉넉하시다

여름, 한가운데서

가을, 생각만 해도
가슴 저 밑바닥

일렁인다

선선한 바람, 스치기만 해도
노란 손수건

툭-툭 떨어진다

하얀 새털구름, 보기만 해도
아득한 추억 한 토막

한껏 뒤통수 후려친다

계절이 있어 고맙다

오고가는 계절이 있어 고맙다

꽃눈 뜨고 땅 몸 푸는 입춘立春,
삼복三伏 더운 입김에 한껏 부푼
푸른 시간을 지나
계절의 무게로 고개 숙이는 겸허한 가을,
삼동三冬의 으름장 앞에 생명을 잠재우는
입동立冬을 거쳐
동지冬至의 긴 밤별을 헤아리다
생명이 있어 고맙다

내일 아침은 쌀쌀할 거라는 날씨 예보가
왜 그렇게 반갑게 들리는지
지구 온난화 현상으로
남북극 빙산이 녹아내려도
오존층이 엷어져 구멍이 뚫려도
반 골병 들음직하련만……
올해도 어김없이 몸치장 하고
슬며시 제자리 찾아가는 계절이
대견하다, 고맙다

윤동주 詩碑 앞에서

윤동주 시인의 모교인
용정중학교* 그의 시비에서
청년 윤동주 시인을 보았다
29세의 나이로 종생終生을 고한
그의 나이 때문인가?

서시序詩 속에서 청년 윤동주 시인은
잎새에 이는 바람에도
괴로워하고 있는데
그에 비해서 나는
너무 오래 살아왔기 때문일까?

잎새에 이는 바람에
꿈쩍도 않는
나의 서시는
이미 너무 늙어 버렸나 보다

*용정중학교: 중국 연변 조선족자치주 룡정시에 위치한 조선족 학교

북한 식당에서

곱게 한복을 차려 입은 여종업원들이
상냥한 미소를 지으며 손님을 맞는다
어서 오십시오
안녕하십네까?
북한 특유의 사투리로
맑게 인사하는 여성들의 고운 얼굴에선
분단의 이질감이나 적대감이라곤
찾아볼 수 없다
북한 화가의 그림인 듯
금강산 수묵화 그림 몇 점과
그들의 지도자 인물화가
낯선 풍경으로 다가올 뿐
반세기 넘은 분단의 벽은 적어도
이곳에선 없다
자신의 이름을 홍윤희 라고
소개하면서 남한 손님의
호기심 어린 질문에 또박또박
대답하는 홍 동무에게서도
이데올로기의 그늘 따윈 없었다

이제 언제 또 보겠냐는 말에
"통일이 되면 볼 수 있갔지요"라면서
살포시 웃는 홍 동무의 미소에서
막연하지만 통일의 염원을
읽을 수 있었지만
아득하기만 한 그날이 안타까울 뿐이다

갱년기 · 1

–일상의 무게

무엇이 무거운지 하늘이
낮게 내려앉아
그렁그렁한 눈으로
세상을 살피는 것이
…… 우울하다
곧 굵은 빗줄기를 쏟아낼 것 같은
아슬아슬한 슬픔이 고여 있다

복잡한 사유思惟의 장터에
시끌벅적
슬픔의 무게, 가늠하기 어렵다

무엇이 무거운지 정신이
낮게 포복하여
마음 밭고랑에
잡초를 키운다.

제초제를 쓰면 될 일을……

유혹을 뿌리치고 호미를 들어
지친 하루의 무게를 솎아낸다

갱년기 · 2

–나이 앓이

중년의 무게만큼
외로움도 깊었나

헉헉거리며 함께 걸어온
아내마저 낯선 얼굴로 잠들어
혼자
마주선
나이테를 세어 본다

중년의 두께만큼
갉아 먹힌 내 인생

보이지 않는 여백을 남겨 놓고
일출을 한입 베어 물지만
일몰의 허기가
밀물로 밀려오는
저 석양을 바라보며
끙끙 앓는 중년의 시간

老眼

볼 것 못 볼 것
아직 가릴 줄도 모르고

세상 속내, 그 너머를
아직 볼 줄도 모르고

사람과 사람사이
인생의 희로애락의 이치가
아직 보이지도 않는데……

혜안慧眼이 오기 전에
어쩌자고 노안老眼이 먼저 왔나

終生記

한 겹 두 겹
세월의 허물을 벗다 보면
언젠가, 이 세상에 올 때처럼
고고呱呱한 울음 대신
못다 한 울음
남은 자의 몫으로 남겨 놓고
훌훌 떠나겠지요

맨몸으로 온 세상
맨몸으로 떠난들
아쉬울 건 없어도
숭숭 뚫린 지붕 틈새로
낭비한 세월이
젖어 듭니다

인연의 옷깃을 스친
숱한 바람이 지나갔습니다
간절히 원했던 사람과의
어긋난 사랑도

피하고 싶었던 사람과의
집요한 악연도
기억에서 지워진 무수한 이름들과 함께
내 소중한 여행의 동반자들이었습니다

살아온 날 수만큼 깊숙이 각인된
내 안의 생채기를 이제
나이테의 세월이라 여기고
하나 둘……
세어보는 여유를 갖고 싶습니다

不惑의 바람

이제 웬만큼
익숙할 나이기도 하련만
세간사의 나날들
여전히 바람이야

지나쳐 온 날들보다
앞으로 남은 날들 헤아려 보지만
괜한 조급증에
휑한 바람
불혹의 가슴을 훑고 지나가는
바람이야
바람이야

불다가 잦아들고
잦아들다 다시 부는 바람쯤으로
치부한다 하더라도
두 딸아이들 키보다
형편없이 낮아져버린
내 불혹의 뼈마디 마디마다
바람 든 골다공증

부메랑

아득바득 몸부림치던
근육질의 화살
과녁을 맞추었다, 싶은 순간

휘돌아
일상의 날개에 적중하며
나를 쓰러뜨렸다

因果律

만남은
우연으로 가장한
필연이라면
그대와의 질긴 악연은
무엇으로 설명할까

이별 또한
필연이라면
애초에
그대와의 만남은
우연이었노라고 우겨도 될까

만남과 이별의 은하계에
무수하게
떠도는
견우와 직녀의 그리움은
또한 무엇으로 이름 붙여야 할까

부자 되세요

어느 신용카드 회사의 광고 문구가
세간의 유행어가 된 적이 있다

선심 쓰듯
'부-자 되세요' 란 말에
덩달아 부자가 되어버린 대한민국

신용할 수 없는
신용카드 회사 광고 한 컷에
신용불량자 부자가 된 나라
아 대한민국 부자 나라

TV속에선 유행어가 되었지만
신용불량자에게는 영원한 복음인
부-자 되세요가 탄환이 되어
세간을 관통하면서
대한민국을 쓰러뜨리고 있다

전당포

동네 구판장 점방에서
꼬질꼬질한 궁핍을 맡기고
한 끼 생활을 사 가던 때가 있었다
손 내밀 곳 마땅찮을 때
이웃 살이 인정을 담보로
구공탄 몇 장을 외상으로 사 가던
마실이 있어 좋았다
그나마 염치가 있어
두세 번 발걸음하기 버거우면
값 실하게 여기던
몇 몇 목록을 뒤적여
급한 궁핍을 허급지급 면하게 해주던
전당포가 있어 다행이었다
그러나
끝내 되찾지 못한 신용은
저당 잡힌 숫자만큼
옹색한 살림의 주름은 깊어 갔다
더 이상 저당 잡힐 생활이 바닥이 나면

내 청춘의 화려한 꿈을 맡아 줄
전당포를 꿈꾸어 보곤 했다

물은 바다로 가는 길을 찾아내고야 만다

거대한 댐으로 그를 막아 보지만
그는,
잠시 갇혀 있을 뿐

어머니를 향한
그리움

물은
바다로 가는 길을 기어이
찾아내고야 만다

제2부

변하는 것들 앞에서

오랜만에 만난
친구의 순진한 눈빛이
탁해져 있는 걸
보았을 때,
늙은 작부의 화장처럼
백목련 질 때처럼
…… 처참했다

성깔 드센 세상살이에
그만은 버텨내리라 믿었는데
저잣거리의 세련된
간판 같은
정치 슬로건 같은
황사바람 같은

그는 지금
내 앞에 서 있다
그 옛날 내 친구는 없는데
그는 자꾸 내 친구라고 말한다

갈 증*

구하여도 얻지 못하고
찾아도 찾지 못하고
두드려도 열리지 않는
목마른 계절은
수가성 우물가에 버려졌다
구멍 난 물동이에 물 긷는
가문 오아시스가
한낮의 뙤약볕 아래서
무심히 타들어 가고 있었다
버려진 우물 속으로 내려 보낸
다섯 개의 두레박마다
검은 소금이
철철 눈물 흘리며 녹아 내렸다
갈라 터진 염전鹽田에서
구하고
찾고
두드리는
목마른 기도가
신기루에 쓰러지다

*갈증 : 신약성서 요한복음 4장, 예수와 사마리아 여인과의 대화

쓰레기 속에 핀 꽃

늦은 저녁 무렵
한 노파의 남루한 생애가
내가 사는 아파트 앞에 놓인
쓰레기통을 헤집고 있다

외면당한 노파의 저녁은
도둑고양이처럼
죽은 쓰레기 더미에서
쓰레기의 부활을 꿈꾸며
버려진 일상을 주섬주섬 담는
노파의 형형한 눈빛, 거룩하다

쓰레기통 속에 처박힌
버려진 생활의 시체 더미 속에서
한 송이 꽃을 피워내는 노파의 손길
시퍼렇게 살아
굶주린 일상을 공양하고 있는
소박한 저녁

駿馬

−자전거 이야기

그가 텐진에서 칭다오로 이사를 하면서 5, 6년 타고 다니던 자전거의 거취를 놓고 마음 뒤척거리게 되었다. 그동안 함께 밀고 다닌 말갈기의 세월을 존중하고 싶어졌다. 더 이상 그와 함께 세상을 타고 다니기엔 그의 몸은 이미 노쇠했고 함부로 처분하기엔 그는 충직한 마음의 애마愛馬였다. 그의 최후를 결정해야 할 때, 고물상 아저씨를 불러 그의 절명絕命을 맡기기로 했다. 단 조건을 달았다. 애마를 수리하여 남에게 팔아넘기지 않겠다고, 수명을 늘려 세월에 윤간輪姦당하게 하지 않겠다고, 그를 해체하여 장렬한 최후가 되도록 처리해 주길 다짐하고 애마를 넘겼다. 그와 함께 밟아온 생에 대한 예의였다. 드디어 애마는 고물상 아저씨에 의해 해체되어 장렬한 최후를 마쳤다. 그의 이름을 애마에서 준마로 불러주기로 했다

새벽 성자

하얀 시간의 부스러기를 비질하던
혼곤한 청소부의 굽은 등 위로
일상의 무게가 기지개를 켠다

밤새 버려진
멀쩡한 청춘의 껍질들

내다버리기 위해 쓸어 담는
역설逆說의 노동을 위하여
인생을 비워두었다

쓰레기 한 줌에
소박한 가장의 꿈이 쌓이고
땀 젖은 비질에
식솔들 거둘 수 있다면
속 깊은 서랍 속
마지막 남은 인생 한 잎마저
쓰레기 소각장 불꽃으로
던질 수 있으리라 믿으며

나뒹구는 밤의 잔영殘影 위로
리어카 안
하얀 박꽃이 피어나고 있었다

무소유 · 1

중국으로 이사하면서
신변 정리를 하다 보니
거추장스러운 것이 너무 많아
당황스럽다

당장 입을 옷 몇 가지밖에
가져가지 못할 형편이니
그동안 불필요한 소유욕에
찌든 자신이 낯설다

꼭 필요한 것도 아닌데
신제품에 홀려
마음 상하던 일들이
여름날 소나기 지나가듯 허망하다

이것저것 탐하던
터무니없는 소유욕에서 모처럼
멀찍이 비켜 앉으니
무소유의 넉넉한 여유로움에

이미 부자가 되어 있는
나를 바라본다

무소유 · 2

중국으로 이사 올 때
번잡한 생활의 요구에 얽매여 있던
나를 비로소 발견하였다

다 버리고 가야 하는 현실 앞에
머뭇거리는 집착은 고통스러웠지만
덕지덕지 굳은 소유의 딱지를 떼버리고
비행기에 올랐을 때
소유가 줄 수 없는 넉넉한 여유를
맛보았다

신접살이처럼 다시 시작한
이국의 생활에 적응해 갈 즈음
무소유의 자유로움보다 불편함이
더 까탈을 부리기 시작하면서
하나 둘 생활의 필요를 쫓다 보니
스멀스멀 쌓여 가는 생활의 욕망에
사로잡히기 시작했다

다시, 이사를 앞두고
곪은 종기를 짜내듯이 생활을
분리한다는 것 또한 쉬운 일은 아니었다
소유하기에는 거추장스럽고 버리기엔 아까운
생활 더미에서 썩은 냄새를 맡으며
생활을 분류하기 시작했다

뜻밖에도 그것은 생활이라기보다는
불요불급한 소도구에 불과하다는 걸
지겹게 확인하면서
소유와 무소유 사이에서 표류하는
고행의 어느 날

지렁이

햇살 쨍한 오후
아스팔트 길 위에
납작하게 짓눌린 지렁이를
개미떼들 달려들어 뜯어먹고 있다

비 갠 후
축축하게 젖은 아스팔트가
땅 속인 줄 알고
젖은 세상인 줄 알고 나왔다가
인간에게는 편리한 아스팔트 길이
지렁이에게는 팍팍한 저승길인 줄 몰랐겠지
피도 눈물도 없는 메마른 길인 줄 몰랐겠지
몸뚱이 물어뜯는 길인 줄 몰랐겠지

목장의 노래 · 1

–프로메테우스의 간

교인을 불 보듯 하라는
선배 목사님의 조언을

불 보듯 했는데

마음의 화상을 입은 후
절절한 목회의 지혜임을
생 껍질 벗겨내는 아픔 속에서 배웠다

멀리하면 춥고
가까이하면 데이는

불을 훔친 죄

프로메테우스의 독수리가
나의 간을 절반이나 쪼아 먹어 버렸다

*프로메테우스Prometheus : 불을 훔쳐다 인간에게 주어 제우스의 노여움을 사 코카서스의 바위에 묶여 독수리에게 간을 쪼이는 고통을 받았다고 한다.

목장의 노래 · 2

목장엔 푸르른 초장만 있는 게 아니다
가문 하늘 황량한 고비사막도 있더라
목장엔 순순한 양만 있는 게 아니다
치받는 염소도
물어뜯는 이리떼도 있더라
목장엔 선한 목자만 있는 게 아니다
삯군도 백정도 있더라

천명天命을 천형天刑처럼
목장의 길
이젠 웬만큼 익숙하기도 하련만
불쑥불쑥 튀어나온 돌부리
여전히 시지프의 형벌이다

예수의 천명天命에도 배신의 키스가,
엘리엘리라마사박다니*의 절규가
천형天刑의 흔적을 남겼으나
가시도 품고 가리라

눈물도 머금고 가리라
천명天命을 천명賤名으로 돌팔매질을 당할지라도

*엘리엘리라마사박다니 : "나의 하나님, 나의 하나님 어찌하여 나를 버리셨나이까?" 십자가에서 외친 예수의 칠언七言 중 하나.

목장의 노래 · 3

–심방일지

팔순을 넘긴 노성도老聖徒의
무료한 눈빛에 끌려 심방 갔더니
화들짝 반가워 어쩔 줄 모른다
주절주절 풀어놓는 보따리에서
푸른 구슬 붉은 구슬 줄줄이 꿰맨
이야기 서말이 쏟아진다
이북 고향의 소싯적 이야기부터
처와 아들 딸 삼남매 남겨 두고 월남했던
험한 세월을 눈물 뒤섞어 엮어낸다
젊은 적 화려한 무용담도
구수하게 풀어놓는 걸 잊지 않는다
심방이 끝나고 일어서는 것을 못내 아쉬워하면서
사람이 그리운 긴 하루와
힘겹게 맞선 노성도의 등굽은 세월이
가슴 저민다

간질병 때문에 소박맞아 과부 된 여성도에게
심방 가니 여기저기 먹거리
부산하게 꺼내놓으며 아픈 세월,

섧은 사연을 쏟아 놓으면서
목사의 위로를 기다리는데,
무엇을 주랴
무엇을 주랴
세상이 줄 수 없는 주님의 위로를
기도 속에서 한 움큼 쥐어주고 일어서니
저녁 햇살 따뜻하기도 하여라

목장의 노래 · 4

–참회의 기도

나 목자 되어
머슴이 되겠노라고
주님처럼 발을 씻기는 종이 되겠노라고
끝까지 주님을 따르겠노라고

그러한 내가
머슴을 부리는 상전이 되었고
발을 내밀어
나를 따르라고 호통 치는
삯꾼이 되어 초심을 버린
낯선 나를 바라봅니다, 주여

푸르른 목장을 가꾸어
내 양을 먹이라며 맡기신
주님의 목장에
가시덤불과 엉겅퀴가 무성히 자라
병든 양들이 쓰러져 가지만
그것들은 양들이 아니라
염소였노라고 우기는

병든 나를 바라봅니다, 주여

목장의 울타리를 허는
작은 여우를 막지 않으면서
튼실한 양들의 숫자에만 눈이 밝아
길 잃은 양을 찾지 않는
속셈 빠른 가롯유다가
내 속에서 웃고 있는 것을 바라봅니다, 주여

주여! 다시,
나에게 실패한 디베랴 바다를 주소서
네가 나를 사랑하느냐고 하신
실패한 아침을 다시 만나게 하소서
내 양을 먹이라는
처절한 소명의 아침으로
돌아가게 하소서

목장의 노래 · 5

–목장 잃은 K에게

실패할 수 있는 용기
누구에게나
아무렇게나
찾아오지 않는다는 거
너는 알고 있는지

너는 감히 말했지
목장에서… 실패했노라고
그러나 아냐
실패에 실패한 네가 실패한 것뿐이야
너는 세상에 대하여 실패한 사람일 뿐
주님께 실패란 없다는 걸 왜 모르느냐
너의 실패는 주님의 관심을 끄는
거룩한 은총의 공간이라고 위로해 주고 싶어

베드로의 찢어진 자리
그 오른편에 그물을 던졌더니
펄떡이는 153의 메시지를 건져 올렸던
만선滿船의 깃발이 보이지 않느냐

너는 왜 그렇게도 성급히 네 자신을 찢고
또 찢으며 네 오른편을 돌아보지 않느냐

애초에 우리가 일터로 부름 받기 전에
얼마나 찢어진 존재였는지 생각해 본다면
세상의 문지방에 걸려 피투성이가 된 우리를
희망의 신새벽이 되게 한
그분의 음성이 들릴 것이다

네가 나를 사랑하느냐?

목장의 노래 · 6

–12월

긴 산통의 터널을 지나
잉태한 생명이
대견스러울 때쯤
산고를 말끔히 잊어버린
산모처럼

12월, 목양의 산고
튼실한 양떼이든
부실한 양떼이든
무슨 상관이랴
내게 맡겨주신 양떼들이라면

새벽녘
펑펑 눈물 쏟아지는
산고의 은혜가 그래도 감사할 뿐
주여,
내 잔이 넘치나이다!

목장의 노래 · 7

ㅡ세밑에 부는 바람

정초에 뜬 말쑥한 별 하나
저녁 바다에 점점이 저물고
찢겨진 달력 틈새로 스산한 바람
황망히 쓰러진다
시퍼렇게 세운 칼날 세월은
12월의 마지막 달력 앞에서
군데군데 무뎌졌다

맡겨진 달란트에
진실하리라
충성하리라
곧추세운 맑은 의지는
악하고 게으른 세월의 밑창에서
탁한 가슴 쓸어내린다

푸르른 목장,
튼튼한 울타리로 두르고
숱한 양들 맡기시며 내 양을 먹이라
하셨으나 종은 없고 삯꾼만 남아

작은 여우 울타리 헐고
이리떼에 찢긴 양들의 핏소리가
저문 들녘 붉게 물든다

갈가리 찢긴 목장의 저녁 풍경은
마지막 이 시대의 표상인가?
허리에 수건을 두르고
대야에 물을 담아 발을 씻기는
예수의 섬김은 박물관의 유물로 남아
두텁게 잠들어 있는가

아! 세밑에 저무는
바람결에
저녁 종소리 울리는데
잠들은 늙은 아이는 등불을 켜지도 않은 채
새벽을 맞으려는가

참회록 · 1

높은 데서 낮은 곳으로
흐르는
골짝 물길 거부한
불손함
네 것
내 것
존중하지 못한
난폭한 손
사계四季의 자리를 희롱하고
하늘 별자리 이름을 제멋대로
작명한 바벨탑
이 모든 것
제 것을 제자리에
돌려놓는 순명順命을 모르는
무명無明 때문이었으리

참회록 · 2

그 시절
내 지은 죄 많아
온통 붉은 잎
터뜨려
너를 눈멀게 하였네

너를 거부했던
무수한 가시
붉은 잎 속 깊숙이 감추고
나,
어느 부잣집
담벼락에 기대어
만개한 붉은 잎만큼
너를 찌른 내 죄 많아
국립마산결핵요양원
철망 사이사이 목을 빼고
꺼억꺼억 붉은 울음
토해 내고 있네

참회록 · 3

일상의 돌부리에 채여
넘어진 죄
용서해 주십시오

나날이 짙어가는 세월의 깊이만큼
나를 키우지 못한 죄
용서해 주십시오

이름조차 낯선 들풀도
제 속살을 보듬는데
나를 낭비한 죄
용서해 주십시오

생에 대하여 관용하지 못한
삶을 얕본 죄
용서해 주십시오

참회록 · 4

나에게
너에게
우리 모두에게
젖은 가랑잎 한두 잎씩은 있더라

아무도 눈치 채지 못하게
마음 깊숙한 창가에
착 달라붙은
젖은 잎
젖은 잎들

햇살 쨍한 날이 와야겠다
젖은 잎 말려 날려버리게

참회록 · 5

—아내

요즘 따라 여기저기 아프다며
나를 성가시게 하더니
하루는 자기가 불치병에라도 걸린 듯
하소연하던 아내에게
버럭 짜증을 내고 말았다
그리고 이내 외면해 버렸는데
그게 그렇게
그렇게 서운했던가 보다

아내의 아픔을
내 아픔으로 느끼지 못하는
무심한 내가
불치병인 것을 미처 몰랐다
토라진 아내의 처진 어깨에
젖은 손 얹어
이제 내가 하소연하여야 겠다
나, 불치병에 걸린 거지?

참회록 · 6

–닭 울음소리

초등학교 6학년 때
마당 한켠에 버려진
참새 새끼 한 마리
한 이틀 거두어 마음 주었는데
끝내 비실비실 죽어갔다
시골교회 뒤곁에 죽은 참새를 묻으며
최초로 사별의 눈물을 흘렸다

어른이 된 지금껏
눈물 없이 잘도 살아왔다
사별도, 애틋한 이별도 없었지만
일상의 굴렁쇠 넘어질까
조바심치는 탓에
맨얼굴 쳐들고 잘도 살아왔다

주변에 지천으로 널린 눈물에
눈물 없이 눈물을 위로하느라
눈물 없는 시를 짓느라
마른 밤을 지새우는 나에게

닭 울기까지
주께서 돌이켜 베드로를 보시기까지*
통곡할 줄 모르는
나를 위해서

*눅22:61-62절에 나오는 장면

참회록 · 7

시골교회 20여 명 늙은 교인들,
그 숫자만큼 찐득한 세월 눌러 앉아
목회하고 있는 ㅅ목사
틈만 나면 도시교회로
대형 교회로 진출할 목표 하나로
어영부영 웅크리고 있는 목사들 넘쳐나는데
못난 나무처럼
늙은 교인 20여 명에 젊음을 건
그 말마따나 못난 목사가 분명한데도
왠지 나는 그 앞에서
한없이 부끄럽다
목회라는 것이 양은 살찌우고
목자는 죽는 것이라고 배웠지만
배운 대로 살지 않고
관록과 요령으로 목회하려는 내게
그는, 한껏 내려치는 죽비였다

참회록 · 8

피고 지는 저 꽃들을 보라
제 자리에서, 제 모습대로
남의 자리 엿보지 않고
남 모습 탐내지 않는
의연한 자태를

먹을 만큼만 찾고
제 한 몸 건사하는 일에
자족하는 생존의 철학을
지상의 방 한 칸 빌려 살다
슬그머니 자연으로 회귀하는
미물들의 간소한 흔적을 보라

네 속에 있는 나를
내 속에 있는 너를 외면한 죄
내 것 네 것 구별 짓고
우리들의 몫을 흩뜨려 버린 죄
자연을 훔친 죄
주인 행세한 죄
무엇보다, 사랑을 잃어버린
네 큰 죄를 보라

참회록 · 9

볕 좋은 가을날
젖은 세상 말리시고

여문 곡식
고개 숙이게 하시는
겸손한 하늘을

용서하여야 겠다

그리하여
나는 나를 용서하기로 했다

나를 용서하지 못한 죄
하나님도 용서하지 않으시리라

제3부

聖과 俗

내가 목사인 줄 뻔히 아는 사람이
술 한 잔 권해 왔다
황망히 거절한 손사래 끝에
입맛이 쓰다

예수도 마셨던 포도주, 소주와 뭐가 다른가
1세기의 팔레스틴과 21세기 한국에서
포도주와 소주가 색깔 논쟁을 벌이고 있다
예수의 피를 닮은 포도주는 한국에 상륙했는데
한국의 소주는 팔레스틴에서 돌에 맞아 죽었다

물이 포도주는 될 수 있어도
소주는 될 수 없는 나라, 대한민국에서
경계인으로 살아간다는 것
국가보안법에 따라 실형을 선고받는다

소주에 취한 바리새인들
속내 들키지 않으려고 포도주로
입가심하며 안도의 숨을 쉬는 동안

예수는 물로 소주를 만들어
연회장에 갖다 주라 한다

내 안에

–요한복음 15장

나에게 없는 것 찾고 찾다
이미 주신 것
잃어버린 나

하나님 사랑 목말라 하다
이미 주신 그 사랑
누리지 못한
헐벗은 마음, 누더기였던 나

절망의 나락으로
꺾인 꿈
떨어지며
떨어지며
이미 주신 날개에 무지했던 나

저가 내 안에
내가 저 안에
농부의 꿈, 나의 꿈 농익는
햇살 넉넉한 과원에서
그분의 충일한 실존에 웃고 있는 나

불 변

성경 말씀은 하나님 말씀이라서
절대 불변의 진리라고 믿는다
그래서 그런지 교인들도 절대 불변이다
목사가 밤낮으로 설교를 해도
은혜 받았다는 듯이 고개는 주억거리는데
생활의 변화는 절대 없다

목사도 절대 불변이다
자신의 설교에 목사 자신이 변하지 않는데
누굴 변화시키겠는가?
결국 목사와 교인들이 하나님을
변화시키고 말았다

금식기도 · 1

열흘 금식기도
나흘째 되는 날
패전의 백기처럼
창백한 아픔이
뱃속을 점령했지만

덕지덕지 묻은
영혼의 궁기를 털어내는 작업
쉽지 않더라

비만해진 영혼
혈관 속에서
콜레스테롤이 동맥경화를
모의하던 그때

진땀 나는 공복의 고비를
수차례 넘기고도

내다 버리는

간소한 버릇 하나
들여놓기 힘들어
몸부림치다

열흘째 새벽녘
닭이 세 번 울고 나서야
살찐 세포 덩어리
숙변으로 쭉쭉 쏟아져 내렸다

금식기도 · 2

공복空腹의 고통에
삼겹살 시간이 겸손해진다

살진 세포들
굶어죽지 않으려고
예리한 칼끝으로 금단의 열매를 겨눈다

하루 세 끼 밥줄에
목매달아 버둥거리던
배부른 일상
혀 빼물고 늘어진다

사람 · 1

–사람이 절망이다

언제나 나에게
절망을 준 건 사람이다

언제나 사람에게
절망을 준 건 나다

나무가 숲을 이루듯
숲이 나무를 아우르듯
사람이기에 절망하고
절망하기 때문에 사람이다

때로는 도망치고 싶고
언제나 그리운 것 또한 사람인데
사람에게 절망하는 것은
사람이기 때문이다

사람 · 2

–사람이 희망이다

아직도 사람에게 희망이 있는가? 라고
묻지 마라

하나님도 버리지 않은 희망을
내가 버린다면,
그건 죄다

예수의 십자가는 사람에 대한
하나님의 절망이며 희망이었다

사람에게 희망을 두는 건
하나님이 희망이시기 때문이다

사람 · 3

－관계

사람이 싫어

사람이 없는 산이 좋아
산에 가보니
이미 사람이 있었다
내가 있었다

사람이 좋아

사람들 속으로 들어가 보니
사람이 없었다
내가 없었다

내 속에 네가 있고
네 속에 내가 있음을
터득하기까지 우리는
애증의 골목길을 얼마나 더 서성거려야 할까

生 · 1

–내 생을 한 모금 끓인다

철들자 노망이라는 말
살아갈수록 헛말은 아닌 것 같다

아직 노망이 들 나이는 아니다
그렇다고 철없을 나이도 아니다
세월에 값하는
어색하지 않는 옷을 입어야 할 나이인데
장롱 속에는 철없는 옷들 뿐이고
새 옷을 사기에는 머뭇거릴 철이다

생을 들끓게 하던 주제가
이른 노안老眼과 함께 침침해지고
몸에 파고드는 한기
철 지난 옷 탓이라 여겨도
땔감이 부실한 궁기가 더 춥다
그러나 살아가는 것만큼 절절한 것이 어디 있으랴
오늘도 식어가는 몸 덥힐 옷과 땔감을 찾아
부지런히 몸 놀리는 일상이
목숨이다, 종교다

生 · 2

−습관

새로울 것도 그렇다고
낡지도 않은 일상의 시간이
찰방찰방 걸어와 곁에 앉는 순간

묵은 습관 한 잎
무겁게 내 영혼 한가운데
툭 떨어져 내린다, 문득
색 바랜 깨우침으로 몸을 떤다

까마득한 원시의 시간이
지금껏 살아남아
일상의 시간을 갉아먹으며
세월 속으로 등을 떠민다

낯선 달력
머뭇거림도 없이 가슴팍에
시퍼런 멍 자국을 남기고 내달으며
질긴 습관 한 단 남겨 놓고
과거와 현재와 미래 속으로 넘나든다

生 · 3

함부로 말하지 마라

인생은 괴롭고 쓸쓸한 것이라고
그리고 고해苦海라고

밝은 햇살 속으로
궂은 빗살 속으로
물불 골짜기 속으로
한 번 걸어 들어가 보라

그리고
함부로 말하지 마라

生 · 4

-운세

낡은 잡지 한 귀퉁이에
월별로 열두 칸 인생이
나란히 나뉘어
인생을 풀어내고 있는데,
재미로 읽는 운세라고 했다

잡지 속에서 쥐띠 운세는
재미가 있었지만
부담 없이 읽혀지는
부풀린 쥐띠 운세
잡지를 덮는 순간
쥐꼬리만한 희망마저
꼬리를 감추고
단단한 일상의 껍질 속으로
숨어들어 좀체
얼굴을 내밀지 않았다

生 · 5

산다는 것

혼자 먹는 밥만큼이나

의무였다

生 · 6

-기도

희망이 끊긴 후
기도가 연결되었는데
절망이 끊긴 후
(언제 그런 날이 있었나?)
기도도 끊겼다

오늘 새벽녘 기도
끊겼다, 연결되다
반복되는 고통의 신호음

뚜뚜뚜
메시지를 남겨 주세요

오늘은
발신자, 수신자
모두 부재중

月요일

–달의 날

그 옛날 이태백이
흠뻑 시를 짜내던
그 달,
강물에 비친
달을 건지려다
강물에 빠져 죽은, 아니
달에 빠져 죽은
그 달

시대를 탓하면 뭣하리

고층빌딩 첨탑에 찔려 창백하게
죽어버렸던 이태백의 달이
내 마음의 강물에
깊이 수장되어 있을 줄이야

흠뻑 시주詩酒 한 잔에 익사하고 싶어지는
달의 날, 월요일

火요일

—불의 날

물불 가리지 않던 젊은 날
마음 불기둥 치솟을 때
물 한 동이 끼얹을 줄도 몰랐다
다행히,
흐르는 물의 인연들이
은인이 되어
화근내만 남긴 그을음 젊은 날

아슬아슬했던 그 불길 속에
용케 살아남아
지천명 바라보는 나이 되었으니
아직 불물 가릴 줄 안다고
장담할 수 없겠으나

불볕 화요일
부채 들고
한 생애 식힐 줄 아는 나이

바람 한 줄기 부치며
깨우침의 불꽃을 지핀다

水요일

—물의 날

수맥水脈을 헛짚은 관정管井엔 물 한 방울 나오지 않았다

사막에서 살아남은 낙타조차
목말라 쓰러지는 콘크리트 세상에
나, 용케 살아남았으니……
살아 있는 한
어딘가에 있을 수맥을 찾아내는 일
마다할 수 없으리니

혈맥血脈을 헛짚은 관정管井엔 피 한 방울 나오지 않았다

지하의 수맥을 찾기보다
지상의 혈맥이 더 미로迷路인 것을
살아갈수록 절절하지만
그래도 내 몸속 어딘가에
한 방울 더운 피 없을까?

파다가 만 폐관정廢管井,
마른버짐처럼 여기저기 방치되어 있는 어제는
어디까지나 어제다
오늘도 살아야 하므로
물 한 방울
피 한 방울 얻기 위해
관정管井을 파는 일 절절하다

木요일

-나무의 날

수령, 500년이나 된다는
노산 은행나무 앞에서
사람의 일생
은행 알만큼이나 왜소하다는 생각이 든다

고작해야 100년 미만의
왜소한 손길로
500년의 시간을 툭툭 턴다

기가 찬 듯
샛노란 얼굴로
똥을 누는 은행나무 아래
똥돼지처럼 게걸스럽게
떨어진 세월을 주워 담는 사람들,
100년 안에 죽을 것이다

金요일

–황금의 날

돈으로부터 자유로워 본 적 별로 없었다

농촌 벽지와 가난한 개척교회를 목회하셨던
아버지 따라다니며
가난이 주는 부자유를 충분히 몸에 익혔다

아버지의 대를 이은 목회 길
세습이라 비난하지 마라
부와 명성을 세습하는 목회도 있으나
첩첩산중 외진 목회를 대물림하는
들풀 같은 세습도 있다

돈으로부터 자유로워 본 적 별로 없었다. 그러나
목회는 가난해도 괜찮겠다는 생각에
황금의 날, 금요일이 한결 쉬워졌다

돈으로부터 자유로워졌다고 함부로 말할 수 없겠으나
가위눌림은 없지 않을까?

土요일

—흙의 날

결국 흙으로 돌아가
한 뙈기 흙이 될 것을
유년부터 늙어 죽기까지
흙먼지 일으키다
힘 다 빼버린 인생

한 줌 흙이어라

日요일

—主日

어릴 적 일요일은
한 주간의 맨 끝인 줄 알았다
토요일 이후 일요일은 학교도 안 가고 노는 날이어서
그랬을 것이다
어른이 되어서도 마찬가지였다

순서가 뒤바뀐 것은 신앙에 눈을 뜨고부터였다
신앙을 가진다는 것은
순서가 뒤바뀌는 것이다
뒤바뀐 주객主客을 바로 놓는 것이다

맨 끝 자리에서
주일酒日이었던 일요일이
주간의 첫 자리로 돌아가
주일主日이 된 것은
주인을 제대로 알아본 때문이다

경남시인선●121

불혹不惑의 바람
정창원 시집

초판 인쇄 | 2008년 9월 18일
초판 발행 | 2008년 9월 23일

지은이 | 정 창 원
펴낸이 | 오 하 룡
펴낸곳 | 도서출판 경남
631-430 마산시 서성동 66-18
☎(055) 245-8818~8819
FAX(055)223-4343
홈페이지 : http://www.gnbook.com
블 로 그 : http://gnbook.tistory.com
이 메 일 : gnbook@empal.com
등록 제2호(1985. 5. 6.)
편집팀 | 오태민 | 심경애 | 구도희

ISBN 978-89-7675-515-5-04810
〔값 8,000원〕